Los cazadores de monstruos

Alejandra Vallejo-Nágera

ALFAGUARA

© De esta edición:
2002, Santillana USA Publishing Company, Inc.
2105 NW 86th Avenue
Miami, FL 33122
© Del texto: 2000, Alejandra Vallejo-Nágera
© De las ilustraciones: 2000, Andrés Guerrero

• Grupo Santillana de Ediciones, S. A.
Torrelaguna, 60. 28043 Madrid
• Aguilar, Altea, Taurus, Alfaguara, S. A. de Ediciones
Beazley, 3860. 1437 Buenos Aires
• Aguilar, Altea, Taurus, Alfaguara, S. A. de C.V.
Avda. Universidad, 767. Col. Del Valle, México D.F. C.P. 03100
• Distribuidora y Editora Aguilar, Altea, Taurus, Alfaguara, S. A.
Calle 80, nº 10-23. Bogotá D.C. - Colombia

Alfaguara es un sello editorial del **Grupo Santillana**.
Éstas son sus sedes:
ARGENTINA, BOLIVIA, CHILE, COLOMBIA, COSTA RICA,
ECUADOR, EL SALVADOR, ESPAÑA, ESTADOS UNIDOS,
GUATEMALA, MÉXICO, PANAMÁ, PERÚ, PUERTO RICO,
REPÚBLICA DOMINICANA, URUGUAY Y VENEZUELA.

Los cazadores de monstruos
ISBN: 1-58986-549-9

Diseño de la colección:
José Crespo, Rosa Marín, Jesús Sanz

Editora:
Marta Higueras Díez

Printed in Colombia by Panamericana Formas e Impresos S.A.

Los cazadores de monstruos

Las aventuras de Ricardete y Lola

Alejandra Vallejo-Nágera
Ilustraciones de *ANDRÉS GUERRERO*

ALFAGUARA
INFANTIL

Los papás de Ricardete vuelven de un
viaje con un regalo en el equipaje.

—Toma Ricardete —dice papá,
y le da un paquete.

5

Cuando Ricardete lo abre, se lleva
una sorpresa muy grande.

—Como soy un cazador valiente,
cazaré un monstruo con dientes.

—Ricardete, ¿podemos ir contigo?
—preguntan los amigos.

—No tenemos miedo
de los ogros con pelos,
ni de los dragones negros.

—¡Mira! ¡Un campo de trigo!

—¿Habrá un animal escondido?

—¿Dónde estará metido?

ssuish ssuish

ssuish

ssuish

—No tenemos miedo
de los ratones gigantes,
ni de las arañas espeluznantes.

—¡Mira cuánto barro!

—¿Habrá algún gusano?

—¡Vamos a buscarlo!

—No tenemos miedo
de las lombrices sin narices,
ni de las babosas pegajosas.

chof chof

—¡Mira qué río tan frío!

—¿Habrá algún pez durmiendo?

—¡Pobre! ¡Se va a llevar un susto
tremendo!

chof

chof

—No tenemos miedo
de las ranas, ni de los sapos,
ni de cruzar el río
con los pies descalzos.

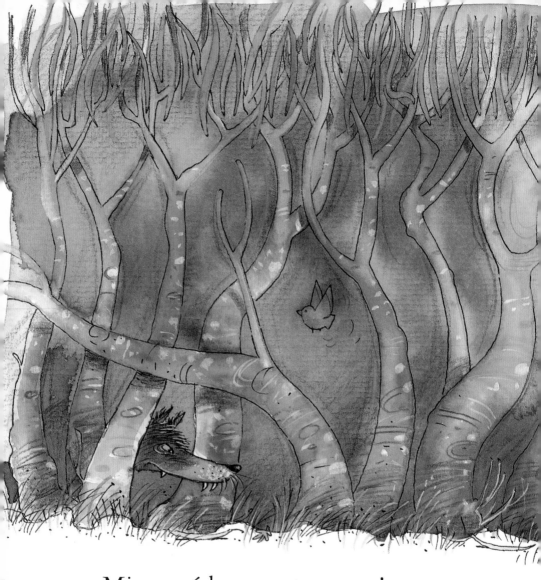

—¡Mira qué bosque tan raro!

—¿Habrá algún oso pardo?

—¡Vamos a espiarlo!

Crrack

Crrick

Crrack

—No tenemos miedo
de los lobos sedientos
ni del ruido del viento.

Brumm

sschh

—¡Mira! ¡Una playa desierta!
—¿Jugará el monstruo en ella?
—¡Queremos verlo de cerca!

sschhh Brumm

—No tenemos miedo
de los cangrejos con pinzas grandes,
ni de las medusas con pelos picantes.

Tip Tap Tip Tap

—¡Vaya! ¡Una cueva en la playa!

—¿Dormirá el monstruo dentro?

—¡Vamos a verlo!

—¿Qué es eso?

Tip Tap Tip

Crrack Crrick Crrack

Brumm   Sschhh   Brumm

ssploch ssplach

ssuish ssuish ssuish

28

—No tenemos miedo
de cazar una sombra…

...pero ahora, preferimos
jugar a otra cosa.